DE LA POLITIQUE

COMMERCIALE

DE LA FRANCE

DEPUIS 1860

PARIS

IMPRIMERIE DUBUISSON ET Cie

5, RUE COQ-HÉRON, 5

—

1865

DE LA POLITIQUE

COMMERCIALE

DE LA FRANCE

DEPUIS 1860

L'Exposé de la situation de l'Empire et plusieurs dépêches de M. Drouyn de Lhuys publiées à la suite de ce document, jettent un jour nouveau sur les travaux de la diplomatie commerciale de la France dans le cours de ces dernières années. Nous profiterons de ces intéressantes communications pour étudier dans leur ensemble les affaires commerciales de l'Empire, la direction qui leur est imprimée depuis 1860, les résultats déjà obtenus depuis cette époque, et enfin ceux que nous sommes en droit d'attendre des négociations que poursuit encore le gouvernement impérial.

Il faudrait peut-être commencer par définir ce qu'on entend dans le langage officiel par affaires commerciales. L'acception de ces mots grandit tous les jours ; les questions de droit international, et les conventions qui les règlent se multiplient, se diversifient, se compliquent comme les rapports mêmes des différentes nations entre elles. Que ne trouve-t-on pas dans les actes internationaux, dont notre droit public s'enrichit tous

les jours, et qui se groupent autour d'un contrat
principal sous le nom générique de traité de
commerce ? les règles qui président à l'échange
des produits, au traitement des navires qui les ap-
portent, à la protection des personnes, marins, né-
gociants ou voyageurs, que le commerce entraîne
à sa suite au delà des frontières, à la police sa-
nitaire des ports, enfin aux prérogatives et aux im-
munités des consuls chargés de veiller en pays
étranger, à la conservation et à la défense des
droits de leurs nationaux : tel est l'objet des an
ciennes conventions commerciales, maritimes et
consulaires ; mais les stipulations nouvelles s'é-
tendent à bien d'autres objets, depuis le service
international des chemins de fer, des postes, des
télégraphes, jusqu'à l'adoption de législations
communes pour la garantie de la propriété des œuvres d'esprit et d'art, des marques et des dessins
de fabrique, etc. La matière se développe encore
bien davantage lorsqu'aux simples traités sous
forme de contrats d'échange viennent se joindre
ces beaux contrats d'association douanière que
la Prusse a la première introduits dans le droit
international, en constituant le Zollverein.

I

Nous ne nous proposons toutefois d'entretenir
le lecteur que de l'œuvre de la France depuis
1860. La lettre impériale du 5 janvier et les traités signés dans le courant de cette même année
avec l'Angleterre ont posé les bases de la réforme

de notre régime économique poursuivie depuis cette époque avec tant de persévérance.

La première innovation qui nous frappe en examinant ces conventions, c'est que ce sont des traités de commerce proprement dits, sans arrière-pensée politique. Autrefois une semblable assertion n'eût pas été admise, et en effet, jusqu'en 1860, elle eût été sans fondement. Il ne s'agissait guère dans les négociations commerciales que d'équilibrer quelques réductions insignifiantes, après s'être bien assuré que l'effet de ces changements serait nul réciproquement. Il y avait pour ainsi dire simple échange de sacrifices entre les trésors de deux pays voisins. Le fisc français consentait à perdre 50,000 fr. de son revenu ; mais il se consolait par la pensée que le trésor belge, piémontais ou néerlandais en perdrait tout autant.

En fait, l'important dans ces négociations, c'était la négociation elle-même, l'entente qu'elle amenait sur d'autres questions, l'échange de courtoisies qu'elle provoquait, tout enfin excepté ce qui était dans les traités. Politiquement, elles présentaient sans contredit des avantages, dont le principal semble désigné dans ces paroles du grand cardinal que nous aimons à rappeler :

« Les États reçoivent tant d'avantages des négociations continuelles, lorsqu'elles sont conduites avec prudence, qu'il n'est pas possible de le croire si on ne le sait par l'expérience. J'avoue que je n'ai connu cette grande vérité que cinq à six ans après que j'ai été au maniement des affaires ; mais j'en ai maintenant tant de certitude, que j'ose dire hardiment que négocier sans cesse, ouvertement ou secrètement, en tous lieux, encore bien qu'on n'en reçoive pas de fruit présent, est chose tout à fait nécessaire au bien de l'Etat....... Celui qui négocie ne peut rien perdre, et par le moyen de ses négociations, il est averti de ce qui se passe dans le monde, ce qui n'est pas de petite conséquence. »

Aujourd'hui les négociations commerciales ont une autre portée : ce ne sont plus de simples moyens d'information ou de pures gracieusetés nécessaires pour sceller une alliance politique.

L'accessoire est devenu le principal, et l'on se tromperait fort si l'on cherchait l'explication des conventions conclues par la France avec l'Angleterre, la Belgique, la Prusse, ailleurs que dans les stipulations mêmes des traités.

A Dieu ne plaise que nous contestions les conséquences politiques des pactes commerciaux; un temps viendra sans doute où les marchands du Strand ou de la Cité trouveront qu'ils ont plus de profit à faire des expéditions de marchandises pour la France qu'à se préparer dans les parcs à repousser une invasion imaginaire. L'apaisement des anciennes rivalités, le rapprochement des deux peuples, c'est là, sans contredit, un immense et nécessaire résultat des traités de commerce ; mais ce n'était pas là l'objet direct du gouvernement lorsqu'il a commencé la réforme de 1860. Il n'est pas d'éventualité politique qui aurait pu justifier l'ébranlement de tous les intérêts matériels du pays et autoriser à courir les risques d'une partie dont la fortune publique était l'enjeu.

Lorsque le gouvernement de l'Empereur a sup-

primé du même coup les prohibitions et les droits
protecteurs, et affranchi les matières premières,
il n'avait en vue que le bien-être des consomma-
teurs et la prospérité des producteurs français ;
il était convaincu que l'intérêt bien entendu des
uns et des autres ne comportait plus le maintien
d'un régime artificiel où la prévoyance de l'Etat
suppléait à l'énergie et à l'initiative individuelles,
et qu'il fallait substituer aux bénéfices de l'industrie pour ainsi dire monopolisée ceux de la
grande production répondant à la grande con-
sommation.

Cette réforme tout intérieure a été accomplie
par un traité international, parce que nos institutions n'offraient pas d'autre moyen de l'im-
poser à un pays qui ne la voulait pas, ou qui du
moins n'osait l'entreprendre. Laissons à ses pro-
moteurs l'honneur et la responsabilité, qu'ils ne
sont pas aujourd'hui tentés de décliner, d'avoir
devancé et entraîné la volonté nationale. La voie
conventionnelle avait un autre avantage, c'était
de réserver au gouvernement cette arme de négociation, dont il s'est servi avec tant de succès
pour faire tomber les barrières de douanes de
tous les pays avec lesquels il a négocié depuis 1860.

La doctrine du gouvernement est trop bien
exposée dans une récente dépêche de M. Drouyn
de Lhuys, pour que nous puissions rien ajouter à
ces paroles que M. le ministre des affaires étrangères écrivait au chargé d'affaires de France à
Stockholm :

« Lorsque le gouvernement de Sa Majesté,
convaincu qu'il n'était pas d'une bonne et sage
politique de laisser les intérêts particuliers seuls

juges de l'opportunité des mesures commandées par l'intérêt général, a résolûment entrepris en 1860 la révision des tarifs et des règlements douaniers de l'Empire, il ne pouvait perdre de vue que la généralisation d'une semblable réforme était la condition essentielle de son succès ; aussi s'est-il proposé de substituer à l'isolement des marchés européens un système basé sur un plus large développement de la production et de la circulation internationales. Dans cette pensée, il a fait appel aux Etats dont la législation douanière était moins libérale que celle inaugurée en France, heureux de pouvoir faciliter par son exemple et son concours l'œuvre de progrès à laquelle il les conviait. En même temps qu'il les mettait en demeure d'aborder l'examen d'une question économique dont la solution, bien que décidée en principe dans leurs conseils, pouvait être encore longtemps ajournée, il leur fournissait les moyens d'agir sur les volontés hésitantes par l'offre de compensations immédiates, et la perspective de l'exploitation du plus vaste marché du continent. »

Tel a été le but, et, nous pouvons ajouter dès aujourd'hui, le résultat du double abaissement de tarifs consacré par chacun de nos traités depuis 1860, favorisant, l'un autant que l'autre, le placement de nos produits au dehors. Tandis que les charges directes afférentes à nos importations sur le marché étranger diminuent, les facultés offertes au commerce pour payer ses acquisitions à l'aide de marchandises expédiées en retour augmentent.

Ce système, démontré par la science avant qu'il

fût justifié par l'expérience, est développé tout au long dans les dépêches du ministre des affaires étrangères, qui fourniront certainement de puissants arguments aux défenseurs de notre réforme économique. Il est temps, en effet, de se départir, dans le langage comme dans les faits, de ménagements exagérés pour les survivants du régime protectionniste, et de ne plus défendre les réformes économiques avec les théories de la balance du commerce ou les complaisances d'une statistique qui n'ose avouer que les chiffres de l'exportation.

Nous n'insisterons pas sur les résultats des traités franco-anglais. L'Exposé de la situation dit tout en un chiffre. La somme de nos échanges avec le Royaume-Uni s'est élevée l'an dernier à la valeur de 1,176,890,000 francs (commerce spécial). La moyenne des dix années antérieures au traité ne dépassait pas 583,111,000 francs.

Les conventions conclues avec la Belgique le 1er mai 1861 forment le premier corollaire des traités de 1860. Cette nouvelle application des principes sur lesquels repose notre réforme commerciale permet de les mieux apprécier : nivellement réciproque des tarifs par voie de réduction des droits existants, suppression de tout régime différentiel dans le présent comme dans l'avenir, toute concession faite ou à faire à une tierce puissance étant acquise de plein droit à chacune des parties contractantes ; enfin nationalisation des produits étrangers, ou, en d'autres termes, leur assimilation aux produits indigènes après l'acquittement des droits de douanes. Remarquons que cette dernière règle rentre dans la précédente ; elle supprime à l'intérieur le régime différentiel, que la clause du traitement de la nation la plus favorisée supprime à la frontière. Cette disposition essentiellement libérale est la base du droit nouveau, qui, grâce au salutaire principe qu'elle consacre, se généralise et se développe en se simplifiant. La France n'a qu'un seul tarif conventionnel, qui s'enrichit de ses concessions successives et se résume dans le dernier traité conclu ; elle n'a qu'un tarif conventionnel, comme elle n'a qu'un tarif général ; le régime de l'avenir et celui du passé, qui, destiné lui-même à disparaître, ne retardera pas longtemps la complète unification de notre code douanier.

II

En suivant l'ordre chronologique, nous passons aux traités du 2 août 1862 avec le Zollverein. Ils ne sont pas encore ratifiés, il est vrai ; mais l'*Exposé de la situation* nous apprend qu'une entente s'est établie entre toutes les parties contractantes pour en assurer l'exécution à partir du 1er juillet prochain. Au bruit que ces traités ont déjà fait dans le monde, il est difficile de méconnaître qu'ils se sont élevés à la hauteur d'une question politique de premier ordre.

C'est qu'en effet, si du côté de la France les intérêts économiques étaient seuls engagés, il n'en était pas de même du côté de la Prusse. Quelque précieuses que soient pour le développement du commerce germanique les modifications apportées en 1860 au tarif de l'association, leur importance s'efface devant la crise constitutionnelle que la convention dès conclusions franco-prussiennes a provoquée au sein du Zollverein. Les traités avaient été négociés et conclus avec la France par la Prusse seule, en vertu du mandat général que lui confère le pacte constitutif de l'association. Mais ce même pacte, garantissant l'autonomie de chacun des membres, soumet tous les actes du gouvernement directeur à l'obligation d'une approbation unanime. Or trois ou quatre des royaumes qui composent avec la Prusse le Zollverein opposaient leur *veto* aux résultats des négociations de 1862. Il ne restait donc d'autre alternative au cabinet de Berlin que de dénoncer le Zollverein lui-même pour recouvrer sa liberté d'action. C'est ce que le gouvernement prussien n'hésita pas à faire en décembre 1863, et pour assurer l'exécution de ses obligations envers la France, il *dégagea* tous ses associés des liens qui les unissaient à la Prusse depuis 1833.

L'union qui pendant trente ans avait fait la prospérité du commerce de l'Allemagne, et, ce qui n'est pas indifférent, des finances publiques de tous les Etats de l'association, était donc rompue ; cette grande institution du Zollverein, la plus utile, sans contredit, qui se soit développée dans le domaine international depuis 1815, devait cesser d'exister à partir du 1er janvier 1866. Si l'on veut justement apprécier ce qu'un semblable sacrifice pouvait coûter à la Prusse, il ne faut pas perdre de vue que l'union des douanes opère au sein de l'Allemagne un puissant travail d'assimilation, qui prépare les voies à une centralisation politique. Sur les bords de la Sprée, on n'ignore pas les avantages que les successeurs de Frédéric le Grand peuvent, à un jour donné, retirer de la solidarité qui s'établit entre les intérêts de la Prusse et ceux de ses coassociés ; ce n'est pas par pure générosité que le gouvernement de ce pays sacrifie chaque année des millions de thalers sur le produit de ses douanes pour compléter le contingent que le partage des recettes, d'après le chiffre de la population, assure à ses voisins ; la cour de Berlin sait le parti qu'on peut tirer des habitudes contractées par les populations et des besoins développés chez ceux qui les gouvernent.

Et cependant, tant de sacrifices déjà consommés, tant d'espérances dans l'avenir, tout a été oublié, et nous avons vu, l'année dernière, la fidélité aux engagements encore résolutoires contractés avec la France l'emporter sur toute autre considération.

Nous comprenons très bien que, dans les félicitations officielles échangées entre la France et le cabinet de Berlin sur le succès de leur œuvre commune, ce désintéressement poussé jusqu'à l'héroïsme ait suffi à tout expliquer ; mais il sera permis dans une étude économique d'entrer un peu plus avant dans les entrailles de la question.

La Prusse n'avait pas été seule en Allemagne à s'apercevoir de l'utilité qu'une grande puissance peut tirer de l'union douanière avec des États voisins dont l'industrie étouffe, resserrée dans des frontières trop étroites. L'Autriche, ne pouvant entraver le développement de l'œuvre de sa rivale, ni les progrès de son influence, résolut de la suivre sur le terrain qu'elle exploitait avec tant de succès. Toute tentative directe pour dissoudre le Zollverein prussien étant condamnée d'avance, le gouvernement autrichien conçut la pensée d'absorber l'association restreinte des États commercialement groupés autour de la Prusse dans un Zollverein austro-allemand.

Le projet de cette nouvelle association remonte à 1850 ; l'initiative en appartient à M. de Bruck, cet habile ministre de l'Empire, qui depuis a fini d'une manière si regrettable une vie illustrée par d'éminents services. La machine de guerre inventée par le ministre des finances autrichien, et hardiment poussée par le cabinet du prince de Schwartzenberg, mit une première fois l'Allemagne en feu et aboutit à la transaction du 19 avril 1853.

L'Autriche n'entrait pas, il est vrai, dans le Zollverein, en vertu de ce traité ; mais elle y avait fait insérer des stipulations qui assuraient à son commerce des avantages privatifs et qui étaient destinés à former la première étape vers un rapprochement définitif et complet. La Prusse avait toutefois réussi, pour le moment, à sauver son hégémonie à la faveur de la différence des tarifs des deux groupes douaniers.

En Autriche même, on avait jugé impossible une transition sans ménagement entre le régime restrictif du tarif impérial, à peine généralisé à toutes les parties du territoire, et le régime relativement libéral du Zollverein.

Mais l'insuccès ou le demi-succès d'une première tentative ne pouvait décourager le génie persévérant de l'Autriche.

On savait à Berlin qu'à la première occasion le projet de l'union austro-allemande sortirait de nouveau des cartons. De là l'idée fixe des hommes d'Etat prussiens d'élargir le fossé qui séparait le groupe du nord du groupe du midi, et d'abaisser le tarif de l'association pour conjurer toute possibilité de rapprochement. C'est ainsi que les intérêts politiques et commerciaux de la Prusse se sont confondus pour pousser ce gouvernement à entamer avec la France les négociations qui ont abouti aux traités de 1862.

Ils consacrent comme nos autres conventions des dégrèvements réciproques considérables et la suppression de tout régime différentiel. Tel est l'objet de cet article 21, sorti vainqueur de la lutte qui pendant deux ans a mis aux prises toutes les parties de l'Allemagne. On en a tant parlé qu'il est peut-être bon de le mettre sous les yeux du lecteur :

Art. 31. Chacune des deux hautes parties contractantes s'engage à faire profiter l'autre de toute faveur, de tout privilége ou abaissement dans les droits à l'importation ou à l'exportation des articles mentionnés ou non dans le présent traité, qu'il pourrait accorder par la suite à une tierce puissance.

Qu'on nous permette aussi de rappeler le commentaire de cet article qui se trouve dans la dépêche que M. le ministre des affaires étrangères adressait le 19 mai 1863 à M. de Talleyrand, alors ambassadeur à Berlin.

« Au sujet de l'article 31, nous n'avons nulle-

» ment contesté que l'Autriche ne dût rester en
» pleine jouissance, jusqu'à l'expiration du traité
» de 1863, des avantages exceptionnels que ce
» traité lui a garantis ; nous avons trouvé une si-
» tuation acquise que nous avons respectée, sous
» la réserve qu'elle ne se prolongerait pas au delà
» du terme assigné à sa durée. Cette réserve était
» si naturelle, si légitime qu'elle a été admise
» sans aucune difficulté par les négociateurs
» prussiens, munis des instructions et des pou-
» voirs des autres Etats du Zollverein. Cet ar-
» ticle 31, si controversé aujourd'hui, n'a pas
» donné lieu, dans les conférences de 1862, à la
» plus légère objection. Les réclamations, les ré-
» sistances ne sont venues qu'après coup, à la
» suite de suggestions étrangères et sous l'em-
» pire d'idées tout à fait différentes qui avaient
» inspiré le projet d'arrangement avec la France
» et présidé à sa rédaction. Nous demander au-
» jourd'hui de renoncer à l'article 31, c'est nous
» demander de renoncer au traité lui-même. »

Cette courte citation suffira pour faire ressor-
tir les attitudes respectives de la France, de la
Prusse, et enfin de l'Autriche en face de l'article 31 du traité franco-prussien. Cette disposition,
considérée par le gouvernement de l'Empereur
comme la base de sa politique commerciale, ac-
ceptée sans difficulté par le cabinet de Berlin,
impliquait, si elle était ratifiée, les plus graves
conséquences pour l'Autriche. Voici le dilemme
qui se présentait nécessairement à la pensée de
ses hommes d'Etat : ou l'union douanière pure et
simple avec la Prusse sur la base d'un tarif beaucoup plus libéral que celui qui avait été jugé in-

compatible en 1862 avec les intérêts et les institutions de l'Empire; ou le droit commun des
étrangers, le même traitement que la France ob-
tenait pour ses importations. Autant il était
agréable à la Prusse de mettre sa rivale dans la
position d'une puissance étrangère sur le marché
allemand, autant il était pénible pour le cabinet
de Vienne de subir cette déchéance. On comprend
donc les efforts désespérés du gouvernement autrichien pour détacher de la Prusse les Etats
dont il croyait pouvoir influencer les votes; pro-
jets, propositions, congrès, conférences, notes,
tout l'arsenal de la chancellerie aulique a été
épuisé, mais finalement tout a échoué. M. de Bismark recueille le fruit de sa hardiesse et de son
inébranlable fermeté. En dénonçant le Zollverein,
il a mis les Etats gagnés par l'Autriche en demeure d'opter entre leurs intérêts commerciaux
et leurs sympathies politiques, et, sans perdre de
temps, il a renoué une nouvelle association avec
la Saxe royale, le grand-duché de Bade et l'élec-
torat de Cassel, dont le territoire divise en deux
groupes les provinces de l'ancienne et de la nouvelle Prusse. La continuité du marché prussien
d'une extrémité à l'autre du royaume se trouvait
désormais assurée; le Hanovre était isolé dans
le nord, les autres dissidents étaient séparés de
la France par le grand-duché de Bade, il n'y avait
plus de résistance possible.

La Bavière et le Wurtemberg réfléchirent aux
dangers d'une alliance commerciale trop intime
avec l'Autriche; elles comprirent que les inconvénients d'une union douanière avec l'Empire
balançaient tout au moins ceux de leur adhésion

au Zollverein, et que d'un autre côté il n'y avait pas de comparaison à établir entre les profits financiers de l'une ou l'autre combinaison.

Il leur restait bien un parti suprême, c'était de se détacher du midi et du nord, et d'aller chercher leur point d'appui commercial au delà de la frontière; mais, nous l'avons déjà dit, la France avait renoncé, depuis 1860, à subordonner ses intérêts commerciaux aux anciennes combinaisons de sa diplomatie, et une saine économie politique ne lui conseillait en aucune façon de maintenir le parcellement du marché germanique pour renouveler, sur le terrain commercial, l'essai d'une confédération du Rhin. Les derniers dissidents durent donc passer sous les fourches caudines de M. de Bismark, et les traités du 2 août 1862 seront mis à exécution le 1er juillet prochain.

III

Une convention maritime est le complément indispensable de tout traité de commerce. Il serait inutile de dégrever réciproquement les marchandises pour favoriser leur échange et d'abaisser les barrières de douanes du côté de la terre, si l'on devait les maintenir du côté de la mer, en fermant par des règlements restrictifs la principale voie de l'échange international entre les puissances qui ont le bonheur de toucher à la mer.

Aussi des arrangements maritimes sont-ils annexés aux traités de commerce conclus avec la Belgique et le Zollverein, ainsi qu'à la convention signée dans les premiers jours de l'année suivante avec l'Italie (17 janvier 1863).

Il est difficile de rendre compte de l'objet de ces différents traités sans jeter un coup d'œil sur la législation qu'ils ont successivement modifiée. Mais qui voudrait, sans y être contraint, et à la veille surtout de leur complète transformation, s'engager dans un examen approfondi de nos règlements maritimes? C'est là que le génie de la protection, doublé de celui de la fiscalité, se sont donné libre carrière. De la prohibition absolue à la franchise complète, toutes les combinaisons différentielles ont été épuisées. Quand il ne reste plus de prétexte pour surcharger le navire étranger à raison de sa nationalité ou de son point de départ, sa cargaison est mise en cause.

Alors les surtaxes redoublent : la nature, l'origine des marchandises ne suffisent plus à motiver les rigueurs et les variations du droit, et la distance parcourue entre dans le calcul des perceptions de la douane. Droits de tonnage, d'acquit, de passe-port, surtaxes de pavillon, de provenance, d'entrepôt, etc., c'est tout une science que de connaître les savantes distinctions qui règlent l'assiette et la perception des droits sur les navires étrangers qui abordent dans nos ports.

Nous ne nous écartons pas beaucoup de la vérité en disant que la douane a successivement établi, depuis 1815, un blocus hermétique de nos côtes : à partir de 1822, sous la pression des représailles ou des réclamations des autres puissances maritimes, une faible ouverture est pratiquée, à travers laquelle les Américains et les Anglais parviennent à pénétrer dans nos ports :

puis l'ouverture s'élargit successivement avec les progrès de notre droit conventionnel, et les derniers traités conclus finissent par établir, en face de l'ancien régime encore hérissé d'entraves et de restrictions, un nouveau régime conventionnel applicable à toutes les puissances maritimes, à peu d'exceptions près.

En voici une analyse succincte :

Pour l'intercourse directe entre la France et les pays avec lesquels elle a contracté des traités de navigation, un seul traitement pour les deux pavillons, celui de franchise complète, à charge de réciprocité ; mais pour les opérations d'intercourse indirecte, notre pavillon conserve seul le privilége de l'immunité.

Nous sortirions des bornes assignées à ce travail si nous entrions dans le détail des restrictions qui modifient encore ces règles générales ; il nous suffira d'indiquer que chaque traité nouveau tend à développer les facilités déjà accordées. C'est ainsi que les conventions récemment conclues avec le Zollverein et avec l'Italie ont, l'une et l'autre, élargi le cercle des opérations du pavillon tiers dans l'intercourse avec nos côtes.

Notons la clause du traité du 2 août 1862 qui, par une fiction libérale, assimile tous les pavillons et tous les ports allemands des bords de la Baltique et de la mer du Nord, et leur garantit indistinctement le bénéfice du régime de l'intercourse directe. Nous noterons également la clause signalée dans la dépêche de M. Drouyn de Lhuys aux agents consulaires de France en Italie, et en vertu de laquelle les navires à vapeur italiens sont admis à faire le cabotage dans nos ports de la Méditerranée et de l'Algérie.

De nouveaux avantages sont sans doute également accordés au pavillon suédo-norwégien et aux navires hanséatiques par les traités dont la conclusion est annoncée. Ainsi chaque traité fait tomber une des anciennes restrictions et ménage un plus libre accès de nos ports et de notre marché national à la marine étrangère. Puisse-t-il nous arriver de tous pays des flottes de navires destinés à repartir bondés de marchandises françaises !

IV

Parmi les actes internationaux conclus dans cette féconde année 1864, il en est un sur lequel nous croyons devoir particulièrement appeler l'attention, c'est le traité de commerce franco-suisse avec ses annexes.

Il marque un nouveau progrès du gouvernement dans l'application des doctrines de la liberté commerciale. Du côté de la France, sacrifice de toutes les prohibitions et de tous les droits exagérés ; du côté de la Suisse, maintien du tarif général, avec quelques insignifiantes réductions qui ne feront pas entrer un ballot de marchandises de plus : qu'importe en effet à un négociant de payer 30 ou 15 centimes de droit d'entrée pour un kil. de soieries dont la valeur atteint souvent 150 ou 200 fr. ? Mais quelle concession douanière pouvait-on demander à un pays qui a lui-même spontanément adopté le tarif le plus libéral de l'Europe, après toutefois celui de l'Angleterre, qui ne perçoit plus que quelques rares droits de douane ?

Il reste à la Suisse, il est vrai, à accomplir un dernier progrès, à s'affranchir des formalités et des gênes douanières qu'elle impose encore au commerce, pour s'assurer un modique revenu. Mieux vaut, suivant nous, la franchise complète qu'une multitude de taxes insignifiantes, dont les nomenclatures semblent lutter d'universalité avec l'œuvre du Créateur. A l'entrée, à la sortie, au transit, pas un fétu de paille ne passe qui ne paye un droit, infiniment petit, il est vrai. C'est toutefois l'affaire des Suisses de s'apercevoir des inconvénients de cette fiscalité méticuleuse et universelle. La France n'avait sérieusement intérêt à s'ingérer dans la réforme de leur législation intérieure que pour la question des vins. On peut voir, à l'art. 10 du traité, les efforts qu'elle a tentés pour faire triompher le principe de la nationalisation de la marchandise après l'acquittement des droits de douanes, et la suppression des droits différentiels entre les produits étrangers et ceux du sol. Si elle n'a pas complétement atteint ce résultat, elle a du moins obtenu du Conseil fédéral de notables réductions et des garanties très favorables au développement de l'importation de nos vins d'Alsace sur le territoire suisse.

Des avantages particuliers ont été accordés pour les exportations de l'arrondissement de Gex; ce n'était que justice, ce petit pays ayant été placé, en 1815, en dehors de nos lignes de douanes, pour assurer l'approvisionnement du marché de Genève. Mais n'a-t-on pas droit de s'étonner que les mêmes facilités n'aient pas été accordées à la zone savoyarde, placée, au sud de Genève, dans les mêmes conditions que l'arrondissement de Gex au nord? La dépêche de M. Drouyn de Lhuys à M. le marquis de Turgot nous avertit que nous marchons sur un terrain brûlant, et que nous touchons à un des *deside-rata* de la négociation. On comprend toutefois qu'un gouvernement comme celui de la France, qui a la conscience de sa force et de ses irrévocables décisions, attende que l'apaisement des petites passions fasse rentrer les esprits en Suisse dans le sentiment de la justice à l'égard des provinces riveraines du lac.

En dehors du traité, qui doublera, nous l'espérons bien, la valeur des échanges entre les deux pays, est intervenue une série d'actes dont le commerce n'est pas l'objet immédiat, et qui, par leur nature même, s'écartent de la forme du contrat d'échange particulière aux traités de commerce. Nous voulons parler du traité d'établissement, et, en premier lieu, de la convention littéraire du 30 juin 1864.

Qu'est-ce qu'une convention littéraire? Un acte qui constate et qui consacre des droits préexistants.

On ne s'engage réciproquement à protéger les auteurs que parce que ces droits constituent une propriété, et s'ils constituent une propriété, il semble qu'elle devrait trouver sa consécration ailleurs que dans des actes internationaux conclus à terme. La véritable solution de la question est dans notre décret du 28 mars, qui abolit purement et simplement le droit d'aubaine sur la propriété intellectuelle, en interdisant en France la reproduction des œuvres publiées pour la première fois à l'étranger. Mais en attendant l'avénement de la justice absolue dans le domaine international, il faut savoir transiger avec les principes.

Les concordats religieux, comme les conventions littéraires, appartiennent à cet ordre de compromis. Quoi qu'on puisse penser des principes dont ils découlent, ces actes ont pour résultat immédiat des garanties avantageuses qui anticipent celles qui sortiront spontanément de la force des choses et du développement moral des peuples.

Les conventions littéraires sont une conception toute française. La première a été signée avec la Sardaigne le 28 août 1843. L'arrangement avec la Suisse est, si nous ne nous trompons, le vingt-septième traité de ce genre conclu avec la France.

L'objet uniforme de ces conventions est de déclarer que ce qui est reconnu comme propriété dans un pays le sera également dans l'autre, et obtiendra la même protection que les lois accordent aux productions nationales.

La plupart de nos conventions, sous leurs nombreuses rubriques, ne disent et ne garantissent pas autre chose. Les formalités à accomplir pour constater l'existence du droit, quelques mesures transitoires destinées à concilier le respect des faits accomplis avec l'ordre de choses nouveau, ou, en d'autres termes, pour permettre de distinguer les contrefacteurs de la veille et ceux du lendemain, tel est l'objet des stipulations de ces contrats. Il est impossible de ne pas remarquer en passant combien est barbare le langage des actes qui consacrent l'*internationalité* des droits

de la propriété *littéraire*, *artistique* et *indus-
trielle*. Mais soyons indulgents pour la forme,
n'oublions pas que ces clauses, toujours à peu
près les mêmes, sont le résultat de négociations
engagées avec le monde entier, de négociations
polyglottes suivies quelquefois entre des pays dont
la diplomatie seule parle notre langue. Les négociateurs français ont souvent dû accepter des dispositions qu'ils trouvaient déjà consacrées ; car
il n'est pas toujours facile de faire comprendre
aux étrangers, sous une forme nouvelle, une
idée qui leur est déjà une première fois entrée
dans l'esprit sous une autre. De là le français un
peu bizarre des conventions littéraires, qui ne
sont peut-être. après tout, destinées qu'à nous
donner un avant-goût de la langue universelle.

L'événement majeur dans l'histoire des conventions littéraires, c'est le traité de 1854 entre
la France et la Belgique, qui a frappé la contrefaçon dans son principal foyer. La France avait
commencé par assiéger la place, fermant toutes
les issues par lesquelles les produits de la presse
belge pouvaient s'écouler à l'étranger. La circon-
vallation étant formée, Bruxelles capitula, Leipzig
immédiatement après.

Tout n'était pas dit cependant, il s'agissait
d'empêcher la contrefaçon de renaître sur un
antre point : il ne fallait pas se borner à débar-
rasser les éditeurs de Berlin, de Hilburhausen ou
de Genève et de Lausanne de la concurrence des
grandes entreprises de Bruxelles et de Leipzig.
C'est ce résultat que la France a obtenu par la
conclusion des Conventions littéraires du 2 août
1862 et du 30 juin 1864, l'une avec les États du

Zollverein, l'autre avec la Suisse. Il ne reste plus
désormais un coin de terre où la contrefaçon
puisse fabriquer ou vendre ses produits.

La grande difficulté du traité à conclure avec la
Suisse, c'est qu'il n'existe pas de législation commune à toute la Confédération pour la protection
de la propriété des œuvres d'esprit ou d'art.
Quelques cantons, isolément, avaient consenti à
s'entendre entre eux, et à consigner dans un
concordat les principes élémentaires de la matière; mais la majorité des cantons n'y avait pas
accédé, et il s'agissait d'obtenir en faveur des
Français des garanties dont les nationaux eux-
mêmes ne jouissaient pas d'un bout à l'autre de
la Confédération.

Les justes réclamations de la France mettaient
le Conseil fédéral face à face avec une de ces
difficultés constitutionnelles, une de ces questions
délicates que les républiques fédératives n'ai-
ment pas à aborder. La nécessité d'une législation commune à toute la Confédération et applicable aux étrangers n'était, il est vrai, contestée
par personne; mais comment en concilier l'adoption avec les prérogatives de la souveraineté
cantonale ?

Depuis 1848, un mouvement non interrompu
pousse la Suisse dans la voie de la centralisation;
comme partout, chaque pas vers l'unité se traduit
par des bienfaits et des progrès incontestables;
mais, plus que partout ailleurs, une puissante
réaction répond aux envahissements du pouvoir
central, et, indépendamment même des petits pa-
triotismes de clocher, des esprits élevés et prudents
dents craignent de compromettre les garanties de

la liberté, en sacrifiant les entraves des institutions cantonales à l'amélioration du régime intérieur de la Suisse. Le problème était donc grave ; mais, d'un autre côté, l'occasion offerte aux partisans de la centralisation était faite pour les tenter. Le Conseil fédéral a tranché hardiment la question et conclu avec la France un traité qui impose à toute la Confédération des règles sur une matière qui rentrait exclusivement jusqu'aujourd'hui dans la compétence cantonale.

Le coup d'Etat du gouvernement central a été ratifié, à une grande majorité, par les Chambres suisses dans le courant du mois d'octobre dernier. Le traité de commerce a fait accepter la convention littéraire, dont les stipulations étaient solidaires avec les siennes. Il existe donc désormais en Suisse une loi qui protége la propriété de nos nationaux. Espérons, avec M. le ministre des affaires étrangères, qu'elle recevra son application impartiale, et que les juges suisses se décideront à effacer dans leur conscience cette inhospitalière distinction entre l'étranger et le citoyen de la Confédération, que le Conseil fédéral s'efforce de faire disparaître des institutions du pays.

La convention littéraire du 30 juin, à la différence de toutes les autres, fixe dans tous ses détails la loi et les peines qui seront appliquées en cas d'infraction; elle détermine la procédure à suivre et les tribunaux compétents. Cette précaution était nécessaire, puisqu'il n'existait pas de législation nationale sur la matière. Nous ferons remarquer, en passant, que toutes les dispositions du nouveau Code suisse sont empruntées aux lois, aux actes, aux règlements, aux ordonnances, aux décrets, et enfin à la jurisprudence qui se combine en France avec les actes émanant du pouvoir exécutif ou législatif pour constituer les garanties de la propriété intellectuelle. Il est regrettable d'avoir à constater que sur cette importante question notre code n'offre qu'un amalgame de décisions de toute origine, et dont il est souvent difficile de concilier les principes.

La convention avec la Suisse s'étend à toutes les branches de la propriété intellectuelle dans son application aux œuvres d'esprit ou d'art, comme aux produits de l'industrie ; une série de dispositions précises empruntées à nos propres règlements consacre la garantie des marques et des dessins de commerce.

C'est là une légitime satisfaction donnée aux réclamations de nos industriels de Saint-Etienne et de Lyon, dont les dessins, frauduleusement expédiés au delà de la frontière, étaient trop souvent montés sur les métiers de Bâle ou de Zurich presqu'en même temps que sur ceux de leurs propres ateliers. La Suisse a renoncé à cette déloyale concurrence ; et si l'on veut à toute force mesurer les avantages du traité en balançant les concessions réciproques, le sacrifice que le Conseil fédéral nous a fait sur la question des marques et des dessins de fabrique nous paraît de nature à contenter les esprits les plus prévenus.

Le traité d'établissement, conclu à la même date que la convention littéraire, est un acte de même nature, destiné comme elle à consacrer des droits qui, dans le siècle où nous vivons, et en pleine Europe, sembleraient pouvoir se passer de la garantie des stipulations internationales.

Il est évident que l'utilité de semblables arrangements ne résulte que de l'état arriéré des pays auxquels on demande de les souscrire. Ils rappellent un peu trop les capitulations des puissances chrétiennes avec la Porte Ottomane ou nos traités récents avec la Chine et le Japon. La réciprocité des engagements consignés dans notre traité d'établissement avec la Suisse peut, à bon droit, passer pour une politesse de chancellerie dans le but de dissimuler la disparité des deux régimes. Quelles garanties une convention peut-elle ajouter à celles dont nos mœurs et nos institutions entourent les étrangers en France ? Ils y sont si bien traités qu'ils ne gagneraient à la naturalisation que la participation à certaines charges nationales dont ils sont affranchis à titre d'étrangers.

Il n'en est pas de même en Suisse où règne encore un esprit d'exclusivisme local, dont l'étranger est la principale victime. La commune, le canton, la Confédération ont respectivement un régime de privilége pour le bourgeois, le ressortissant ou le Suisse. Il est vrai que ces inégalités de régime s'effacent rapidement pour le résident suisse, qui, au bout de très peu de temps, devient citoyen et même bourgeois de la localité où il séjourne. Mais quant à l'étranger, il est et demeure, à titre d'étranger, placé dans la catégorie des plus imposés, payant des taxes spéciales outre les taxes générales, et ne participant à l'exercice d'aucun droit ni politique ni communal. En vain la France a réclamé, depuis cinquante ans, contre les mesures onéreuses ou

vexatoires auxquelles ses nationaux sont soumis
en Suisse ; on lui a sans cesse opposé, comme
un argument de dernier ressort, la constitution
fédérale.

Transformée en 1848, elle n'a renoncé à aucune des rigueurs de la législation relative aux
permis de séjour et aux droits d'établissement.
Libérale pour les touristes opulents qui se suc-
cèdent dans les hôtelleries de Bâle, de Zurich ou
de Genève, elle ne fait pas grâce d'un denier au
pauvre terrassier qui vient construire les rem-
blais de ses chemins de fer. Devant le veto de la
constitution suisse, les négociateurs français ont
dû céder ; mais ils se sont habilement réservé un
moyen d'action qui exercera avant peu une influence persuasive sur les déterminations des as-
semblées populaires auxquelles il appartient de
réviser le pacte fondamental. La France maintient,
au préjudice des Suisses qui se rendent sur son
territoire, un impôt spécial, celui des visa de passe-port, impôt qui n'a pas d'autre raison d'être que
de leur inspirer le désir de s'en affranchir. Il serait
bien naturel, en effet, d'étendre aux voyageurs
les principes du libre échange qu'on applique aux
marchandises. Une déclaration annexée au traité
nous apprend que les Suisses obtiendront cette
faveur, quand ils adouciront eux-mêmes les règlements de police et les charges fiscales exagé-
rées dont les ouvriers français ont tant à se plain-
dre, pendant leur séjour sur leur territoire.

Du moment que cette satisfaction ne nous a pas
été accordée, on se demande quel peut être l'objet du nouveau traité d'établissement. L'explication en est simple ; le régime général des étran-

gers n'est pas le dernier mot de l'esprit rétrograde des institutions suisses. La Constitution de 1848 dit en toutes lettres que les juifs ne seront pas admis à séjourner sur le territoire de la Confédération. La France n'a pas cru pouvoir signer un traité avec un pays qui maintiendrait une distinction dans le traitement réservé à ses nationaux d'après le culte qu'ils professent; elle a considéré que le principe d'égalité devant la loi devait suivre les Français dans la protection que le gouvernement leur accorde à l'étranger et les plénipotentiaires de l'Empereur ont déclaré à la Suisse, dès l'origine des négociations, qu'il n'y aurait pas de traité conclu s'il n'y était formellement stipulé que tous les Français, sans distinction de culte, seraient reçus et traités sur le même pied, dans toute l'étendue du territoire de la Confédération.

Nous connaissons assez l'esprit éclairé et les principes élevés des hommes placés à la tête des conseils helvétiques pour pouvoir affirmer qu'ils ont été heureux de la violence qui leur était faite. Ils ont accordé à la France ce qu'ils avaient refusé jusqu'alors à toutes les autres puissances du monde; ils ont stipulé l'admission des juifs français sur le territoire suisse.

On comprend les conséquences qu'emporte une semblable stipulation : c'est la proclamation d'un principe, qui ne peut se restreindre, dans son application, suivant des distinctions de nationalité; la signature du traité d'établissement francosuisse marque donc le triomphe définitif de la liberté de conscience en Suisse. Nous ne savons franchement à l'*avoir* de laquelle des deux parties contractantes il convient de placer cette concession ; nous aimons mieux répéter ce mot qu'a divulgué une heureuse indiscrétion, et qui aurait pu trouver sa place dans le volume des documents diplomatiques : « L'émancipation des Israélites n'est pas une monnaie avec laquelle la nation suisse entend payer les concessions douanières qui lui ont été faites par la France, c'est une médaille qu'elle attache au traité pour en perpétuer la mémoire. »

Les documents nous manquent pour pousser plus loin l'examen que nous avons entrepris ; plusieurs négociations sont encore pendantes , mais elles paraissent assez avancées pour que les traités qui en seront le résultat puissent entrer en vigueur au 1er juillet prochain en même temps que les conventions avec la Suisse, le Zollverein, la Suède et la Norwége. Cette date semble donc marquer le terme de la campagne que notre diplomatie commerciale a inaugurée par la signature des conventions avec la Grande-Bretagne.

Chacun des traités conclus pendant ces quatre années a fait tomber quelques-unes des dispositions restrictives de notre tarif et ouvert des débouchés nouveaux à l'activité de notre commerce régénéré. Les actes internationaux, en se multipliant, ont développé la réforme commencée en 1860; ils l'ont étendue à tant de pays que les gouvernements qui hésitent à s'associer à ce mouvement d'expansion ne figurent plus que comme des exceptions dans l'exposé de la situation de l'Empire.

Déjà on peut prévoir le jour prochain où notre ancien code douanier achèvera de disparaître avec ses prescriptions aussi surannées que le titre de tarif général qu'il conserve encore; le commerce de la France ne sera plus soumis dès lors qu'à une seule législation, simple, uniforme, sans distinction de provenance, progressant d'année en année vers un régime de complète émancipation.

L'Angleterre nous a précédés dans cette voie, et elle a d'emblée établi dans sa législation douanière l'unité, vers laquelle nous nous acheminons de négociations en négociations. Peut-être n'aurait-elle pas à se féliciter d'avoir sacrifié aux principes absolus de la théorie les transitions que conseillait une sage politique, si la France ne s'était chargée de poursuivre, pour son compte et au profit commun de tous, la révision de tous les tarifs européens.

Il est heureux pour les diplomates anglais d'être arrivés à la suite des nôtres à Bruxelles, à Berlin, à Turin, à Berne; autrement on regretterait sans doute à Londres de les avoir, par une réforme trop radicale, privés des moyens de négociation qui ont permis au gouvernement de l'Empereur de remanier à Paris le régime douanier de toutes les puissances de l'Europe. Les services que la diplomatie française a rendus à la cause commune sont du reste hautement appréciés au delà du détroit, et nous ne sommes pas seuls à rendre hommage à l'habile direction des affaires commerciales de la France pendant cette féconde et laborieuse période de réforme à l'intérieur et de propagande au dehors.

———

Paris. — Imprimerie de Dubuisson et Cᵉ, 5, rue Coq-Héron.